AF205705

Impressum
Verlag: BABADADA GmbH, Nedderfeld 112 , 22529 Hamburg
Geschäftsführer / Verlagsleitung: Harald Hof
Druck: Books on Demand GmbH, In de Tarpen 42, 22848 Norderstedt

Imprint
Publisher: BABADADA GmbH, Nedderfeld 112 , 22529 Hamburg, Germany
Managing Director / Publishing direction: Harald Hof
Print: Books on Demand GmbH, In de Tarpen 42, 22848 Norderstedt, Germany

škola

escuela

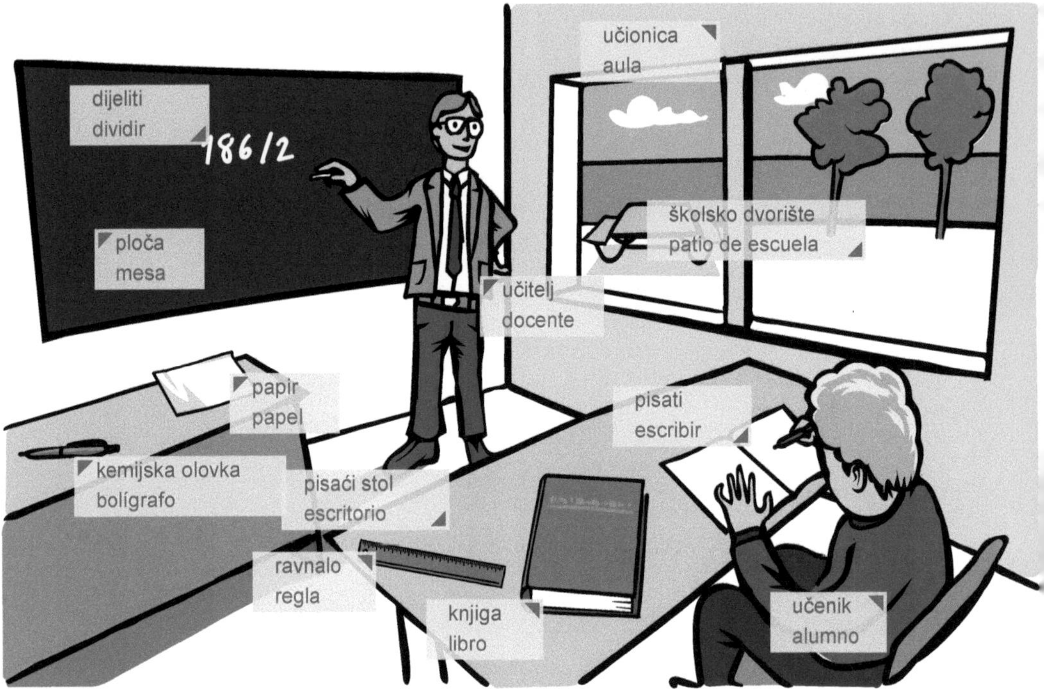

učionica
aula
dijeliti
dividir
186/2
ploča
mesa
školsko dvorište
patio de escuela
učitelj
docente
papir
papel
pisati
escribir
kemijska olovka
bolígrafo
pisaći stol
escritorio
ravnalo
regla
knjiga
libro
učenik
alumno

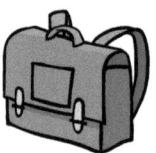

torba

mochila escolar

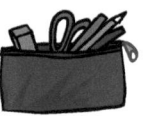

pernica

caja de lápices

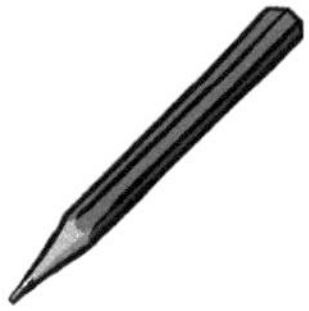

grafitna olovka

lápiz

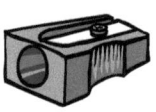

šiljilo za olovke

sacapuntas

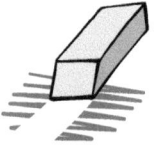

gumica za brisanje

goma de borrar

blok za crtanje

bloc de dibujo

crtež

dibujo

kist

pincel

kutija s bojama

caja de pinturas

makaze

tijera

ljepilo

pegamento

bilježnica

libro de ejercicios

domaći zadatak

tarea

broj

número

2+2

sabirati

sumar

oduzimati

restar

množiti

multiplicar

računati

calcular

slovo

letra

abeceda

alfabeto

riječ

palabra

tekst
texto

čitati
leer

kreda
tiza

sat
lección

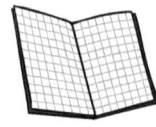

dnevnik
libro de clase

ispit
examen

svjedodžba
certificado

školska uniforma
uniforme escolar

obrazovanje
educación

leksikon
enciclopedia

sveučilište
universidad

mikroskop
microscopio

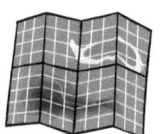

karta
mapa

košara za papir
cesto de papeles

putovanje
viaje

hotel
hotel
Grand
prenoćište
albergue
ROOMS
mjenjačnica
casa de cambio
EXCHANGE
kofer
maleta
auto
auto

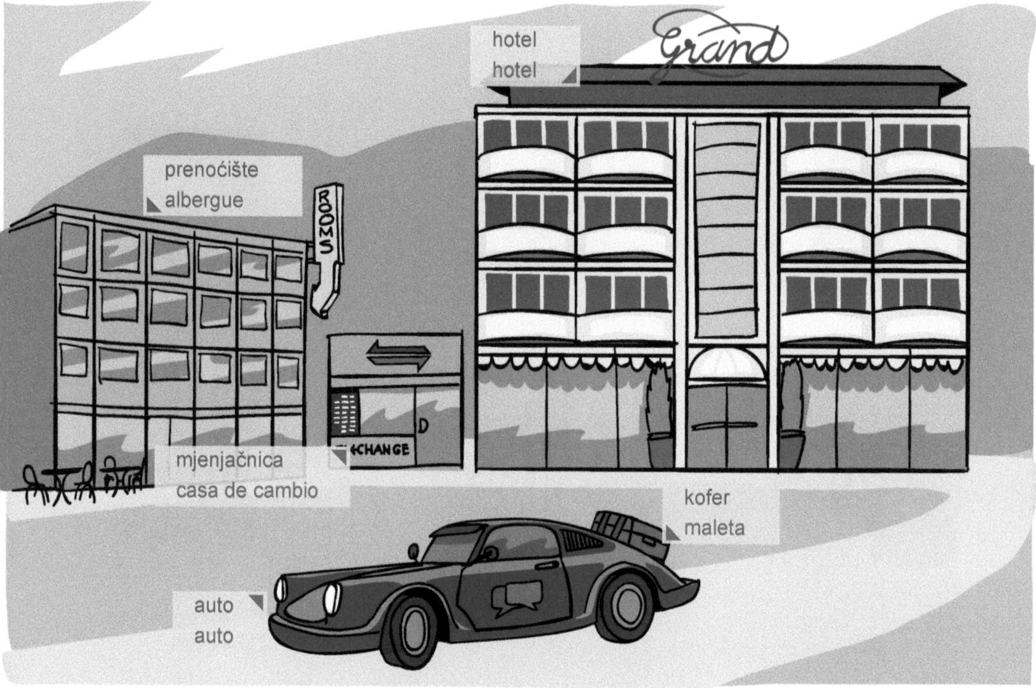

jezik
idioma

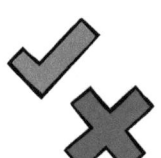

da / ne
sí / no

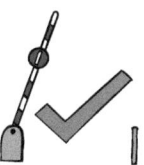

okay
ok

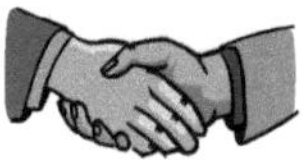

zdravo
hola

prevoditelj
intérprete

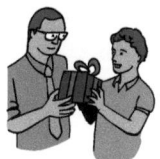

hvala
gracias

Koliko košta...?

¿Cuánto cuesta...?

ne razumijem

No entiendo

problem

problema

dobro veče!

¡Buenas tardes!

Dobro jutro!

¡Buenos días!

Laku noć!

¡Buenas noches!

doviđenja

adiós

smjer

dirección

prtljaga

equipaje

torba

bolso

ruksak

mochila

gost

invitado

soba

cuarto

vreća za spavanje

saco de dormir

šator

tienda de campaña

turističke informacije

información al turista

plaža

playa

kreditna kartica

tarjeta de crédito

doručak

desayuno

ručak

almuerzo

večera

cena

karta za vožnju

pasaje

dizalo

ascensor

poštanska markica

sello

granica

límite

carina

aduana

ambasada

embajada

viza

visa

putovnica

pasaporte

transport

transporte

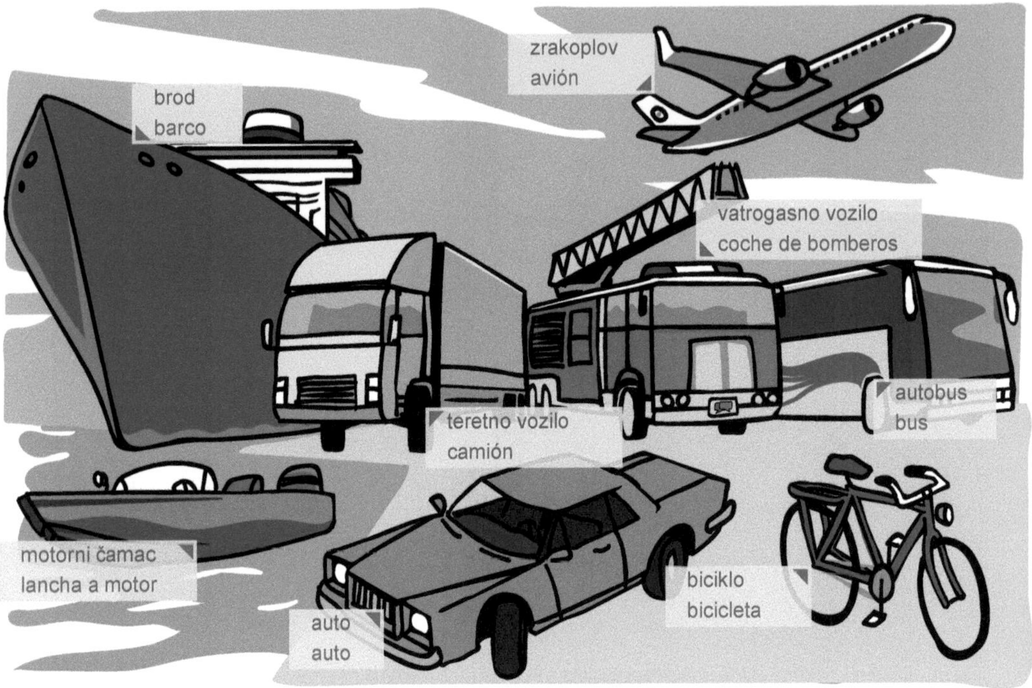

brod
barco
zrakoplov
avión
vatrogasno vozilo
coche de bomberos
teretno vozilo
camión
autobus
bus
motorni čamac
lancha a motor
auto
auto
biciklo
bicicleta

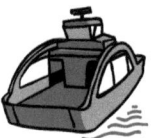

trajekt

balsa

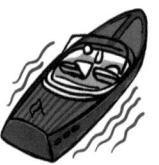

čamac

lancha

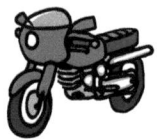

motocikl

motocicleta

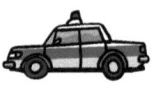

policijski auto

auto de policía

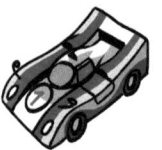

trkaći auto

auto de carreras

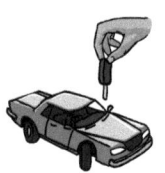

iznajmljeno auto

auto de alquiler

dijeljenje automobila

alquiler de autos

vučno vozilo

grúa

vozilo za odvoz smeća

vehículo recolector de basura

motor

motor

benzin

gasolina

benzinska postaja

gasolinera

prometni znak

señal de tráfico

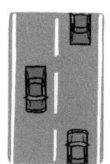

promet

tránsito

zastoj

atasco

parkiralište

estacionamiento

kolodvor

estación de tren

šine

carril

vlak

tren

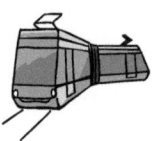

tramvaj

tranvía

vagon

vagón

transport - transporte

helikopter
helicóptero

zrakoplovna luka
aeropuerto

toranj
torre

putnik
pasajero

kontejner
contenedor

karton
caja de cartón

kolica
carro

košara
cesta

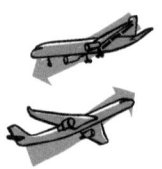

uzletjeti / sletjeti
despegar / aterrizar

grad

ciudad

selo
aldea

centar grada
centro de la ciudad

kuća
casa

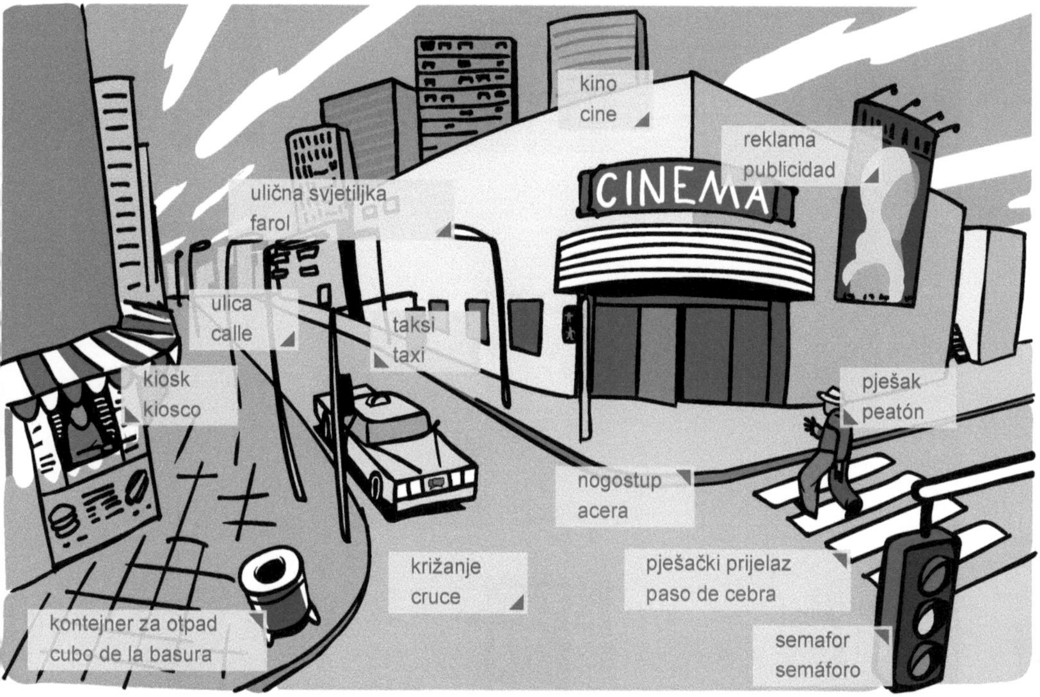

kino
cine

reklama
publicidad

ulična svjetiljka
farol

CINEMA

ulica
calle

taksi
taxi

kiosk
kiosco

pješak
peatón

nogostup
acera

križanje
cruce

pješački prijelaz
paso de cebra

kontejner za otpad
cubo de la basura

semafor
semáforo

koliba

cabaña

stan

apartamento

kolodvor

estación de tren

vijećnica

ayuntamiento

muzej

museo

škola

escuela

sveučilište

universidad

banka

banco

bolnica

hospital

hotel

hotel

ljekarna

farmacia

ured

oficina

knjižara

librería

prodavaonica

negocio

cvjećara

florería

supermarket

supermercado

trg

mercado

robna kuća

grandes almacenes

ribarnica

pescadería

trgovački centar

centro comercial

luka

puerto

park

parque

klupa

banco

most

puente

stepenice

escalera

podzemna željeznica

metro

tunel

túnel

autobusna stanica

parada de autobuses

bar

bar

restoran

restaurante

poštansko sanduče

buzón de correo

ulični znak

letrero

parkirni sat

parquímetro

zoološki vrt

zoológico

bazen

piscina

džamija

mezquita

seosko gazdinstvo

granja

zagađenje okoliša

polución

groblje

cementerio

crkva

iglesia

igralište

parque infantil

hram

templo

krajolik

paisaje

list
hoja

putokaz
indicador de camino

put
sendero

livada
pradera

kamen
piedra

drvo
árbol

šetač
caminante

rijeka
río

trava
pasto

cvijet
flor

dolina
valle

planina
montaña

jezero
lago

šuma
bosque

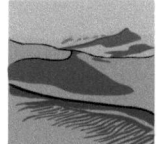

pustinja
desierto

vulkan
volcán

dvorac
castillo

duga
arco iris

gljiva
seta

palma
palmera

moskito
mosquito

muha
mosca

mrav
hormiga

pčela
abeja

pauk
araña

buba

escarabajo

žaba

rana

vjeverica

ardilla

jež

erizo

zec

liebre

sova

lechuza

ptica

pájaro

labud

cisne

divlja svinja

jabalí

jelen

ciervo

los

alce

nasip

embalse

vjetrenjača

aerogenerador

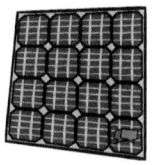

solarna ploča

módulo solar

klima

clima

restoran
restaurante

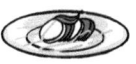

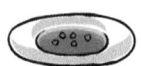

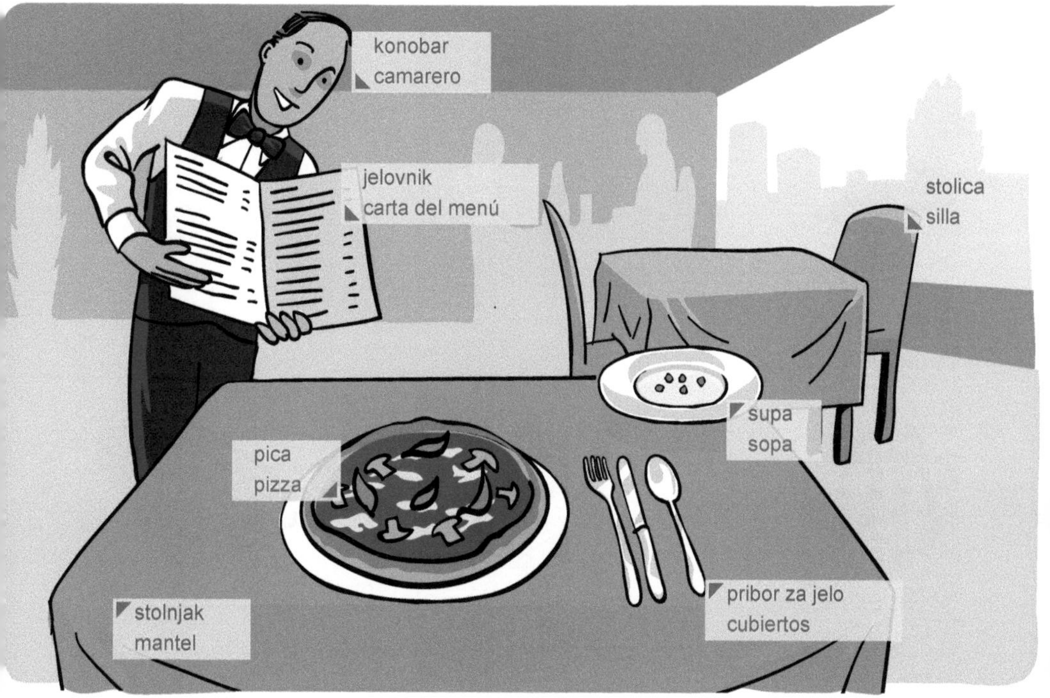

konobar
camarero
jelovnik
carta del menú
stolica
silla
supa
sopa
pica
pizza
pribor za jelo
cubiertos
stolnjak
mantel

predjelo
entrada

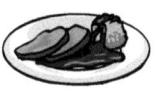

glavno jelo
plato principal

desert
postre

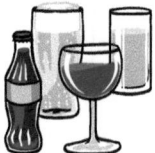

napitci
bebida

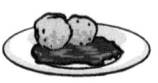

jelo
comida

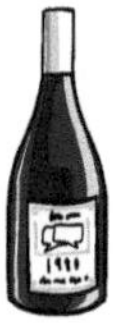

boca
botella

fastfood

comida rápida

imbis hrana

comida callejera

čajnik

tetera

doza za šećer

azucarera

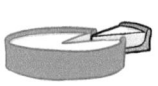

porcija

porción

aparat za espresso

máquina de espresso

visoka stolica

silla alta

račun

factura

pladanj

bandeja

nož

cuchillo

vilica

tenedor

žlica

cuchara

čajna žlica

cuchara de té

ubrus

servilleta

čaša

vaso

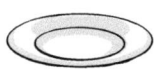

tanjur

plato

tanjur za supu

plato de sopa

tanjurić

platillo

sos

salsa

soljenka

salero

mlin za biber

molinillo para pimienta

ocat

vinagre

ulje

aceite

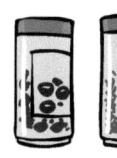

začini

especias

kečap

ketchup

senf

mostaza

majoneza

mayonesa

supermarket
supermercado

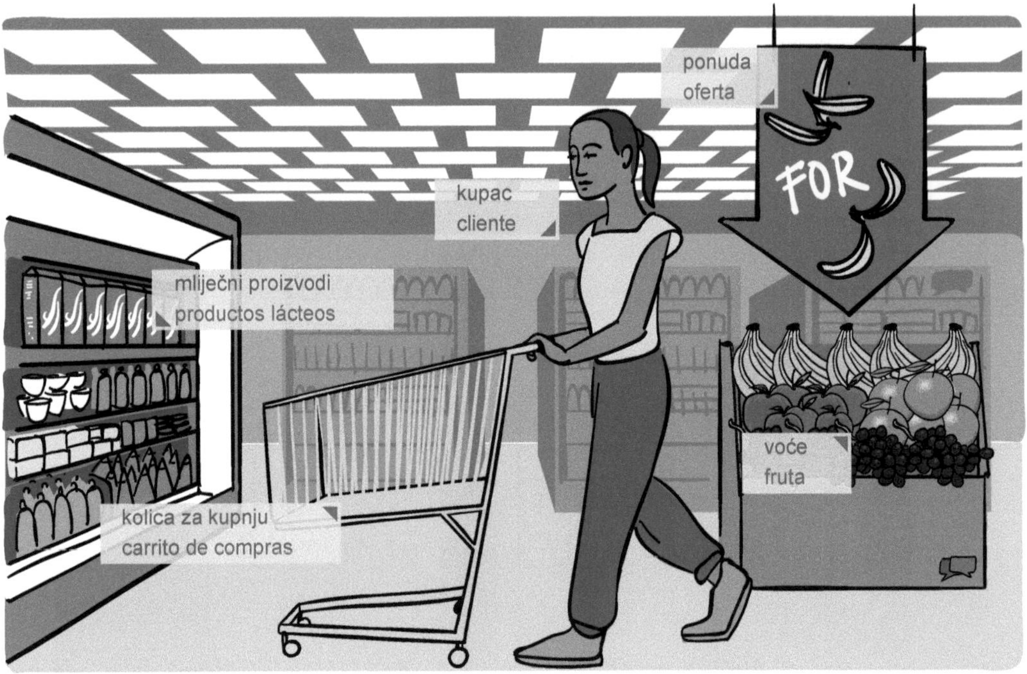

ponuda
oferta
FOR
kupac
cliente
mliječni proizvodi
productos lácteos
voće
fruta
kolica za kupnju
carrito de compras

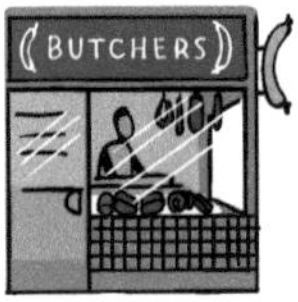

BUTCHERS

mesnica

carnicería

BAKERY

pekarnica

panadería

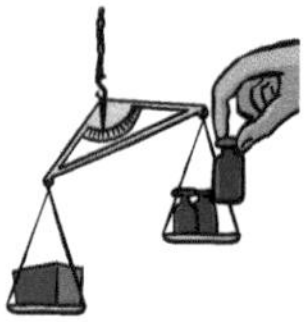

vagati

pesar

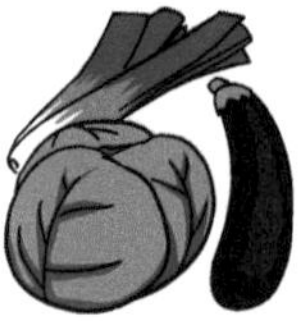

povrće

verdura

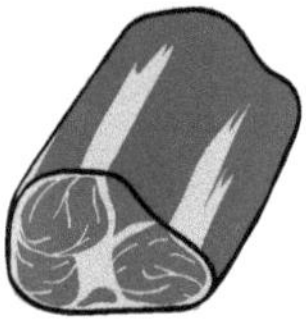

meso

carne

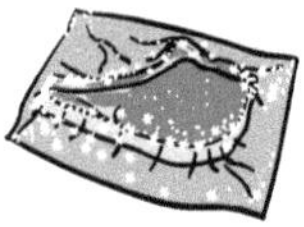

duboko smrznuta hrana

alimentos congelados

narezak

fiambre

konzerve

conservas

sredstvo za pranje

detergente en polvo

slatkiši

dulces

artikli za domaćinstvo

artículos domésticos

sredstva za čišćenje

productos de limpieza

prodavačica

vendedora

blagajna

caja

blagajnik

cajero

lista za kupnju

lista de compras

vrijeme rada

horario de atención

novčanik

cartera

kreditna kartica

tarjeta de crédito

torba

maleta

plastična vrećica

bolsa plástica

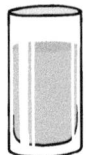

voda

agua

sok

jugo

mlijeko

leche

cola

refresco de cola

vino

vino

pivo

cerveza

alkohol

alcohol

kakao

cacao

čaj

té

kava

café

espresso

espresso

cappuccino

cappuccino

banana

banana

jabuka

manzana

naranča

naranja

lubenica

sandía

limun

limón

mrkva

zanahoria

češnjak

ajo

bambus

bambú

luk

cebolla

gljiva

seta

orašasti plodovi

nueces

rezanci

fideos

špagete

espagueti

riža

arroz

salata

ensalada

pomfrit

patatas fritas

pečeni krumpir

patatas salteadas

pica

pizza

hamburger

hamburguesa

sendvič

sándwich

šnicla

escalope

pršut

jamón

salama

salame

kobasica

embutido

kokoš

pollo

pečenje

asado

riba

pescado

zobene pahuljice

copos de avena

musli

musli

kukuruzne pahuljice

copos de maíz tostado

brašno

harina

roščić

croissant

pecivo

panecillo

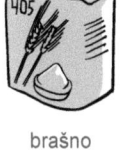

kruh

pan

toast

tostada

keksi

galletas

maslac

mantequilla

svježi sir

cuajada

kolač

pastel

jaje

huevo

jaje na oko

huevo frito

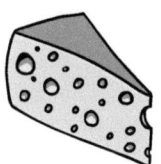

sir

queso

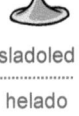

sladoled

helado

šećer

azúcar

med

miel

marmelada

mermelada

nugat krema

praliné

curry

curry

seosko gazdinstvo
granja

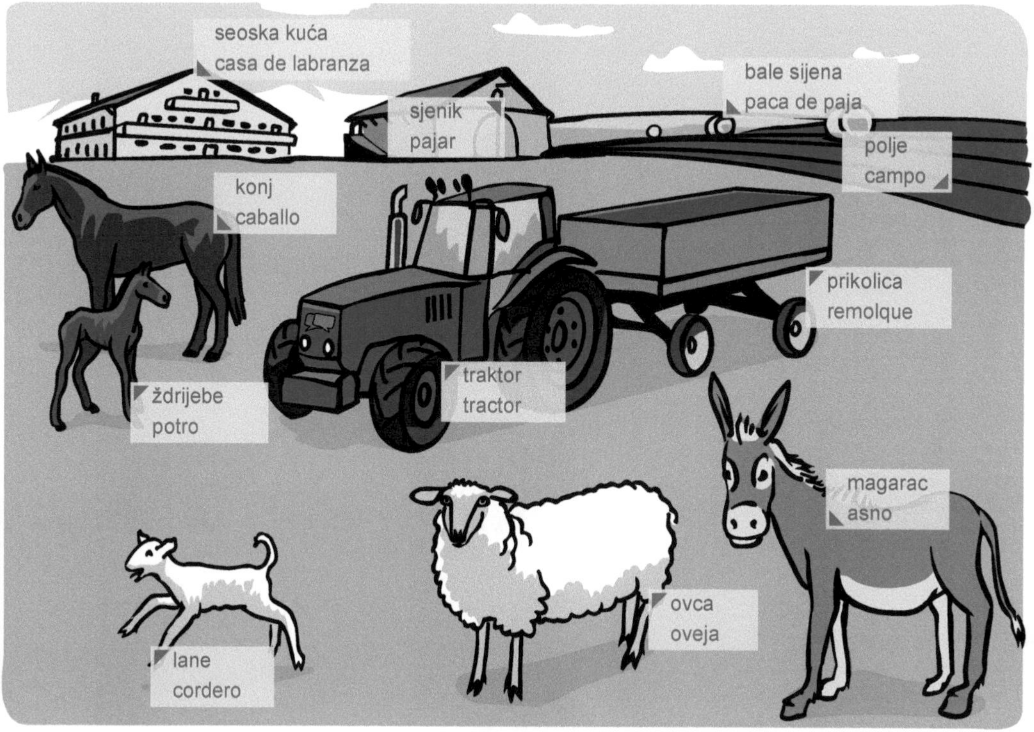

seoska kuća
casa de labranza
sjenik
pajar
bale sijena
paca de paja
polje
campo
konj
caballo
prikolica
remolque
traktor
tractor
ždrijebe
potro
magarac
asno
ovca
oveja
lane
cordero

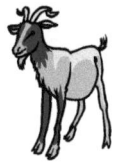

koza
cabra

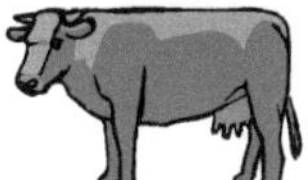

krava
vaca

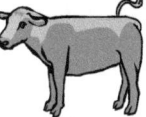

tele
ternero

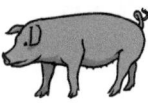

svinja
cerdo

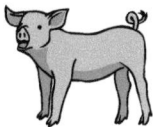

prase
lechón

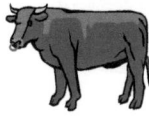

bik
toro

guska

ganso

patka

pato

pilići

polluelo

kokoš

pollo

pijetao

gallo

pacov

rata

mačka

gato

miš

ratón

vol

buey

pas

perro

kućica za psa

caseta del perro

vrtno crijevo

manguera de riego

kanta za polijevanje

regadera

kosa

guadaña

plug

arado

srp

hoz

motika

azada

vilica za gnojivo

bieldo

sjekira

hacha

tačke

carretilla

korito

abrevadero

posuda za mlijeko

lechera

vreća

saco

ograda

cerca

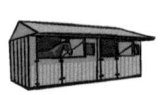

štala

establo

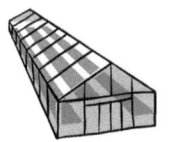

staklenik

invernadero

zemlja

suelo

sjeme

semilla

gnojivo

fertilizante

kombajn

cosechadora

žanjati

cosechar

žetva

cosecha

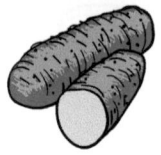

yams začin

raíz de ñame

pšenica

trigo

soja

soja

krumpir

patata

kukuruz

maíz

uljana repica

colza

voćka

Árbol frutal

gomolj manioke

mandioca

žitarice

cereales

kuća
casa

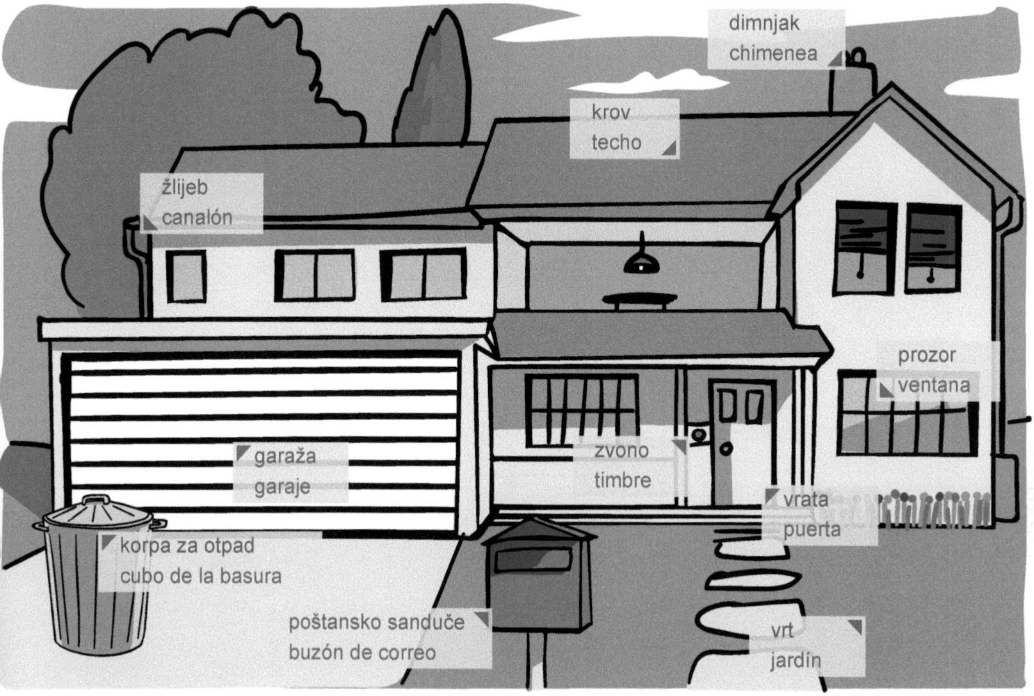

dimnjak
chimenea
krov
techo
žlijeb
canalón
prozor
ventana
garaža
garaje
zvono
timbre
vrata
puerta
korpa za otpad
cubo de la basura
poštansko sandučе
buzón de correo
vrt
jardín

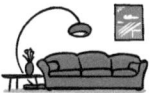

dnevna soba

cuarto de estar

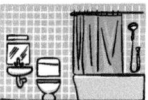

kupaonica

cuarto de baño

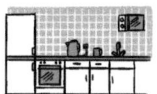

kuhinja

cocina

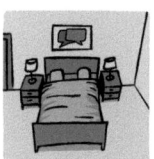

spavaća soba

dormitorio

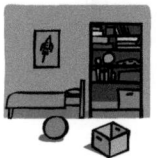

dječija soba

cuarto de los niños

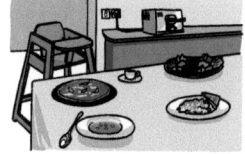

trpezarija

comedor

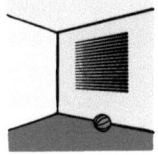

pod

piso

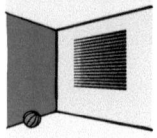

zid

pared

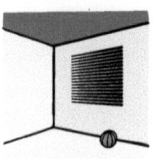

strop

cielorraso

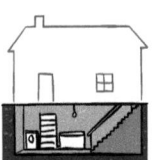

podrum

sótano

sauna

sauna

balkon

balcón

terasa

terraza

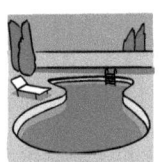

bazen

piscina

kosilica za travu

cortacésped

posteljina za krevet

funda nórdica

deka za krevet

edredón

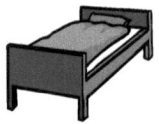

krevet

cama

metla

escoba

kanta

cubo

sklopka

interruptor

dnevna soba
cuarto de estar

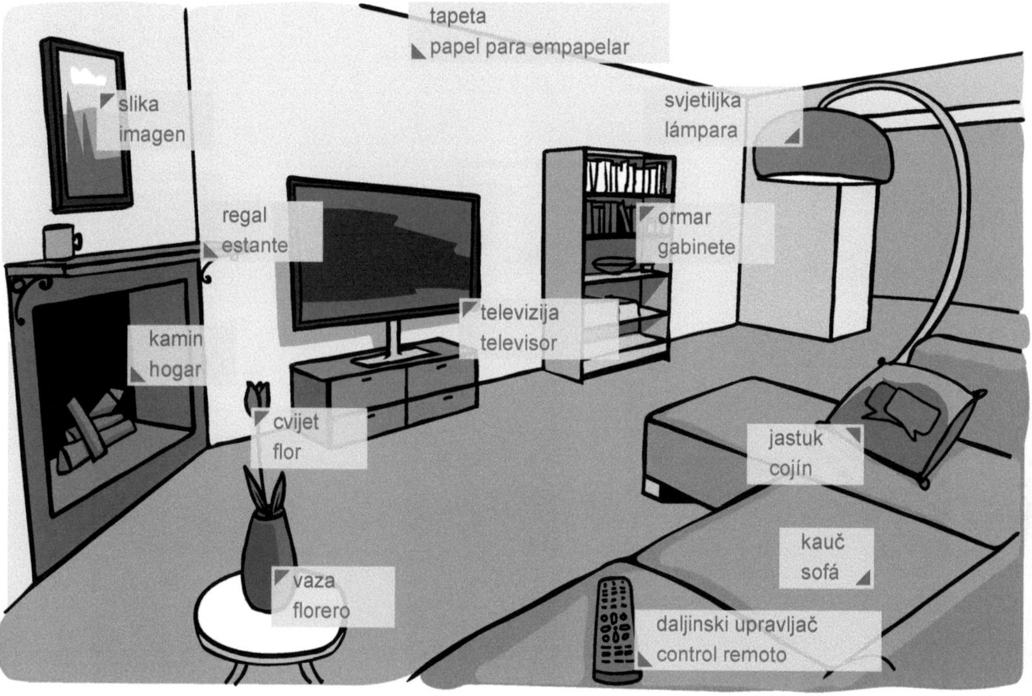
tapeta
papel para empapelar
slika
imagen
svjetiljka
lámpara
regal
estante
ormar
gabinete
televizija
televisor
kamin
hogar
cvijet
flor
jastuk
cojín
kauč
sofá
vaza
florero
daljinski upravljač
control remoto

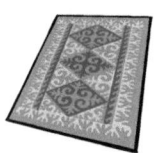

tepih

alfombra

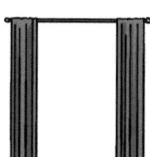

zavjesa

cortina

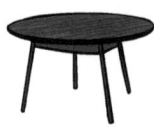

stol

mesa

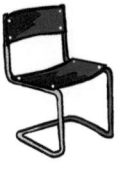

stolica

silla

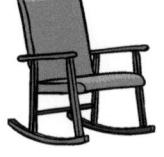

stolica za njihanje

mecedora

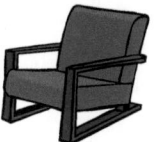

fotelja

sillón

knjiga
libro

deka
frazada

dekoracija
decoración

drvo za ogrjev
leña

film
film

stereo uređaj
equipo estereofónico

ključ
llave

novine
periódico

slika na platnu
cuadro

poster
póster

radio
radio

blok za pisanje
bloc de notas

usisavač
aspiradora

kaktus
cactus

svijeća
vela

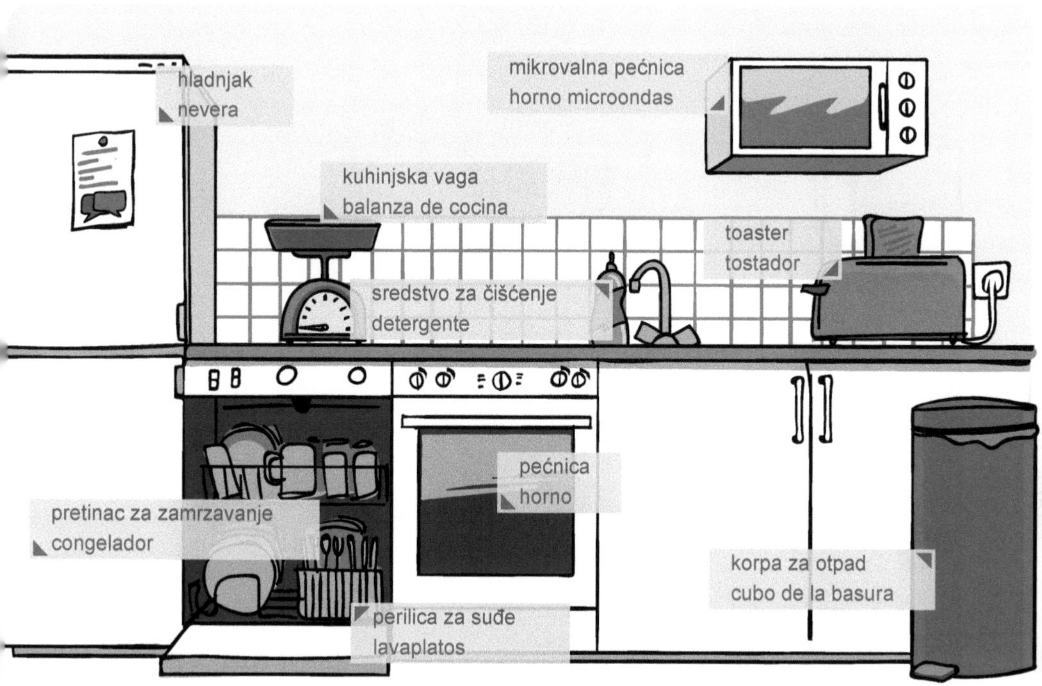

hladnjak
nevera

mikrovalna pećnica
horno microondas

kuhinjska vaga
balanza de cocina

toaster
tostador

sredstvo za čišćenje
detergente

pretinac za zamrzavanje
congelador

pećnica
horno

korpa za otpad
cubo de la basura

perilica za suđe
lavaplatos

štednjak
....
cocina

lonac
....
olla

željezni lonac
....
olla de fundición de hierro

wok / kadai
....
wok / kadai

tava
....
sartén

kuhalo za vodu
....
hervidor de agua

kuhalo na paru

olla de vapor

lim za pečenje

bandeja de horno

posuđe

vajilla

čaša

vaso

zdjela

bol

štapići za jelo

palillos para comer

kutljača

cucharón de sopa

lopatica

espátula

pjenjača

batidor

sito za kuhanje

colador

sito

cedazo

ribež

rallador

mužar

mortero

roštilj

parrillada

ognjište

fogata

daska
tabla de picar

oklagija
rodillo

vadičep
sacacorchos

konzerva
lata

otvarač konzervi
abrelatas

krpa za lonac
agarrador

sudoper
fregadero

četka
cepillo

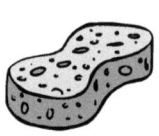

spužva
esponja

mikser
batidora

zamrzivač
arcón congelador

bočica za bebe
biberón

slavina za vodu
grifo

kuhinja - cocina

kupaonica

cuarto de baño

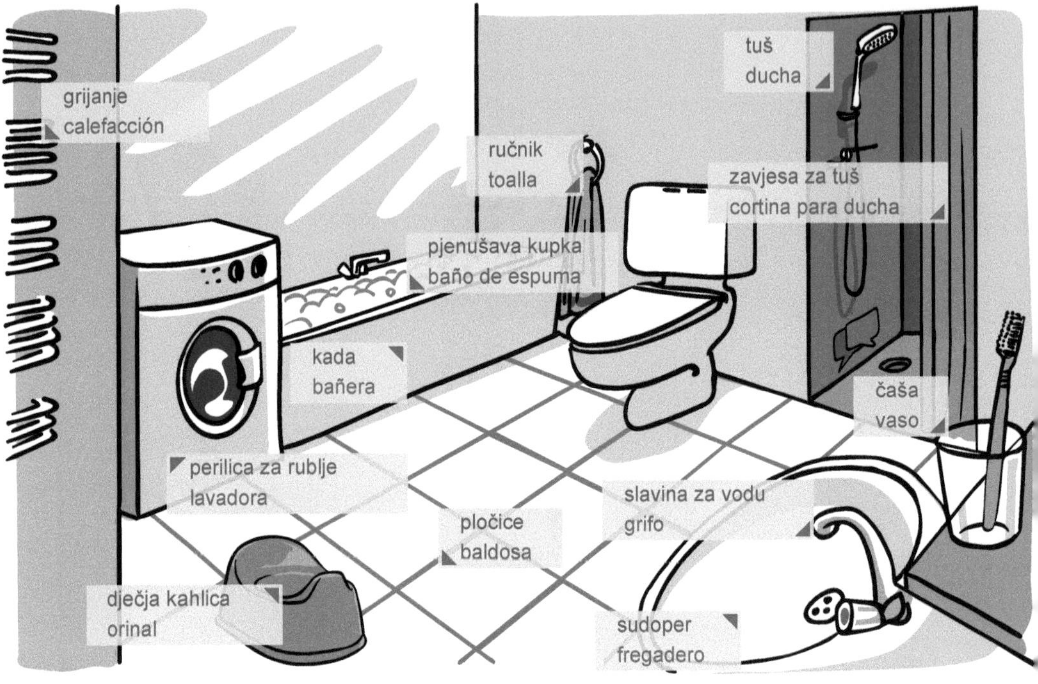

grijanje
calefacción
ručnik
toalla
tuš
ducha
zavjesa za tuš
cortina para ducha
pjenušava kupka
baño de espuma
kada
bañera
čaša
vaso
perilica za rublje
lavadora
slavina za vodu
grifo
pločice
baldosa
dječja kahlica
orinal
sudoper
fregadero

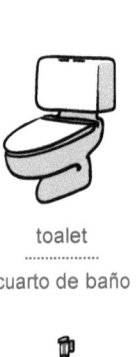

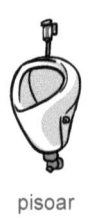

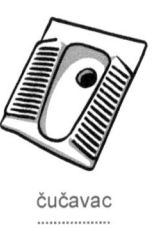

toalet

cuarto de baño

čučavac

placa turca

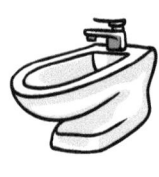

bidet

bidé

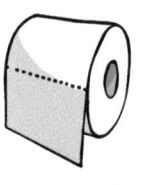

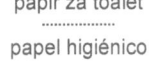

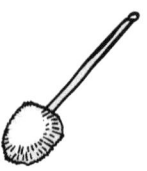

pisoar

urinario

papir za toalet

papel higiénico

četka za toalet

escobilla para el cuarto de baño

četkica za zube

cepillo de dientes

pasta za zube

pasta dentífrica

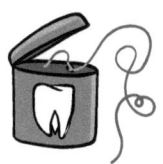

konac za zube

seda dental

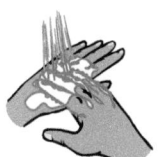

prati

lavar

tuš ručica

ducha teléfono

tuš za pranje intimnih dijelova

ducha higiénica

lavor

cuenco

četka za pranje leđa

cepillo para la espalda

sapun

jabón

gel za tuširanje

gel de ducha

šampon

champú

krpa za pranje

manopla para baño

odvod

desagüe

krema

crema

dezodorans

desodorante

ogledalo

espejo

kozmetičko ogledalo

espejo de maquillaje

brijač

máquina de afeitar

pjena za brijanje

espuma de afeitar

losion za poslije brijanja

loción para después del afeitado

češalj

peine

četka

cepillo

sušilo za kosu

secador para cabello

sprej za kosu

laca de peinado

makeup

maquillaje

ruž za usne

lápiz labial

lak za nokte

laca para uñas

vata

algodón

škare za nokte

tijera para uñas

parfem

perfume

neseser

neceser

stolica

taburete

vaga

balanza

ogrtač

bata de baño

rukavice za čišćenje

guantes de goma

tampon

tampón

uložak

compresa

kemijski toalet

wáter químico

dječija soba
cuarto de los niños

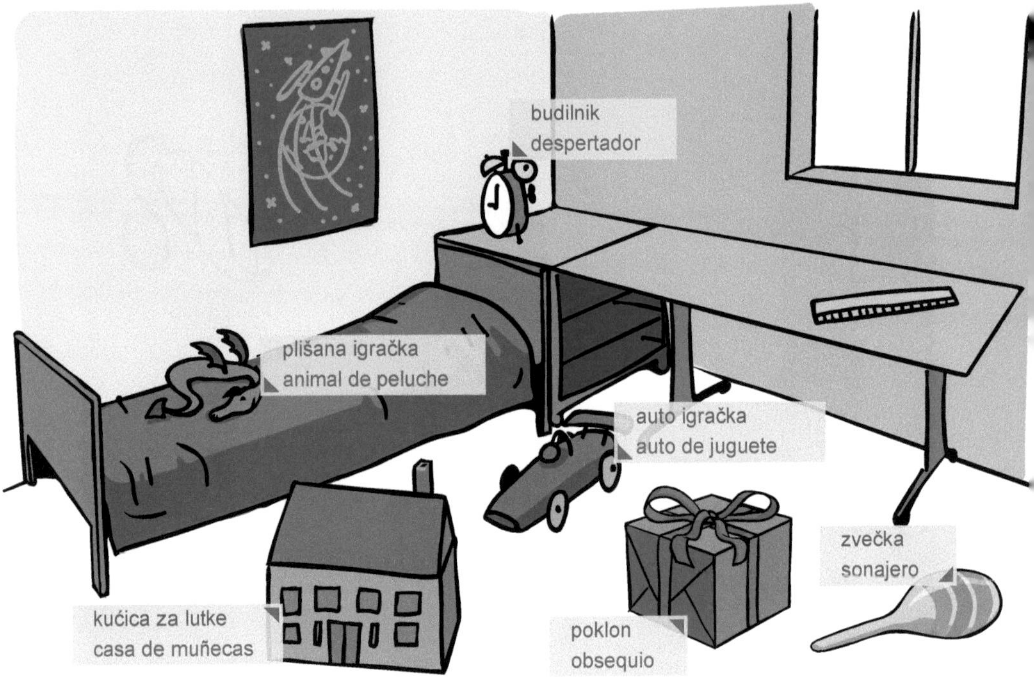
budilnik
despertador
plišana igračka
animal de peluche
auto igračka
auto de juguete
zvečka
sonajero
kućica za lutke
casa de muñecas
poklon
obsequio

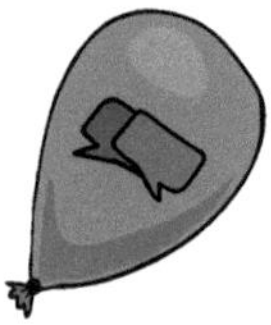

balon

globo

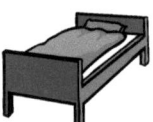

krevet

cama

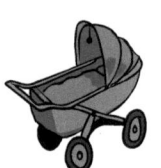

dječija kolica

cochecito para niños

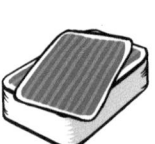

igra s kartama

juego de barajas

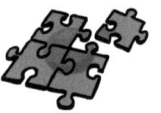

slagalica

rompecabezas

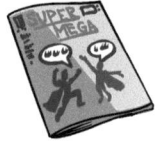

strip

cómic

lego kockice

piezas de Lego

kockice za slaganje

bloques para jugar

akcioni junak

figura de acción

kombinezon za bebe

pijama de una pieza

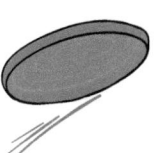

frizbi

frisbee

viseće igračke

móvil

društvene igre

juego de mesa

kocka

dado

minijaturna željeznica

tren eléctrico a escala

duda

chupete

tulum

fiesta

slikovnica

libro de dibujos

lopta

pelota

lutka

títere

igrati

jugar

pješčanik

arenero

ljuljačka

columpio

igračka

juguetes

konzola za igre

consola de videojuego

tricikl

triciclo

plišani medo

osito de peluche

ormar

guardarropa

odjeća
vestimenta

kratke čarape

calcetines

čarape

medias

hulahopke

panti

šal
chal

kišobran
paraguas

t-shirt
camiseta

kaiš
cinturón

čizme
botas

papuče
zapatilla

patike
deportivas

sandale
....
sandalias

cipele
....
zapatos

gumene čizme
....
botas de goma

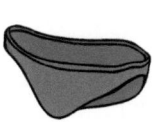

gaćice
....
ropa interior

grudnjak
....
corpiño

potkošulja
....
camiseta

bodi
body

hlače
pantalón

džins
jeans

haljina
falda

bluza
blusa

košulja
camisa

džemper
pullover

pulover s kapuljačom
sweater

blejzer
blazer

jakna
chaqueta

kaput
abrigo

kabanica
impermeable

kostim
traje chaqueta

haljina
vestido

vjenčanica
vestido de bodas

odjeća - vestimenta

odijelo

traje

spavaćica

camisón

pidžama

pijama

sari

sari

rubac

pañuelo de cabeza

turban

turbante

burka

burka

kaftan

caftán

abaja

abaya

kupaći kostim

traje de baño

kupaće gaćice

bañador

kratke hlače

shorts

odjeća za trening

chándal

pregača

delantal

rukavice

guante

gumb

botón

naočale

gafa

narukvica

brazalete

ogrlica

cadena

prsten

anillo

naušnica

aro

kapa

gorra

vješalica

percha

šešir

sombrero

kravata

corbata

patent zatvarač

cierre a cremallera

kaciga

casco

naramenice

tiradores

školska uniforma

uniforme escolar

uniforma

uniforme

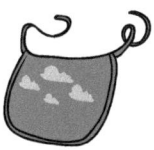

podbradak

babero

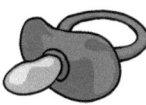

duda

chupete

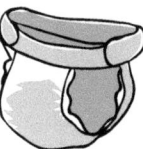

pelena

pañal

ured

oficina

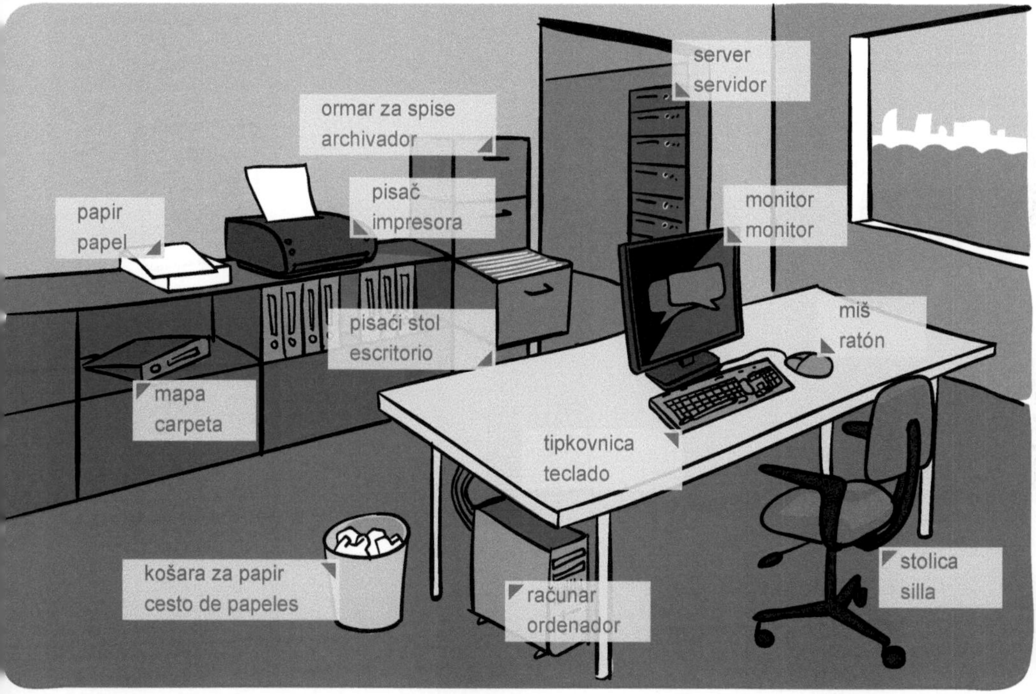
server
servidor
ormar za spise
archivador
pisač
impresora
papir
papel
monitor
monitor
pisaći stol
escritorio
miš
ratón
mapa
carpeta
tipkovnica
teclado
košara za papir
cesto de papeles
računar
ordenador
stolica
silla

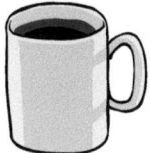

šalica za kavu

taza de café

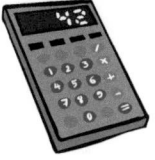

kalkulator

calculadora

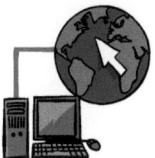

internet

internet

laptop
laptop

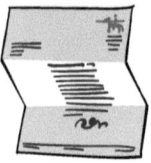
pismo
carta

poruka
mensaje

mobilni telefon
teléfono móvil

mreža
red

uređaj za kopiranje
fotocopiadora

softver
software

telefon
teléfono

utičnica
tomacorriente

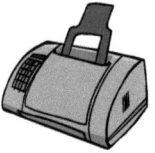
faks
máquina de fax

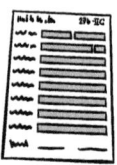
obrazac
formulario

dokument
documento

kupovati

comprar

platiti

pagar

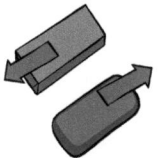

trgovati

comerciar

novac

dinero

dolar

dólar

euro

euro

jen

yen

rubalj

rublo

švicarski franak

franco

renmindbi yuan

renminbi

rupija

rupia

automat za novac

cajero automático

mjenjačnica

casa de cambio

zlato

oro

srebro

plata

nafta

petróleo

energija

energía

cijena

precio

ugovor

contrato

porez

impuesto

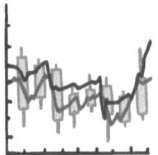

dionica

acción

raditi

trabajar

službenik

empleado

poslodavac

empleador

tvornica

fábrica

prodavaonica

negocio

zanimanja
ocupaciones

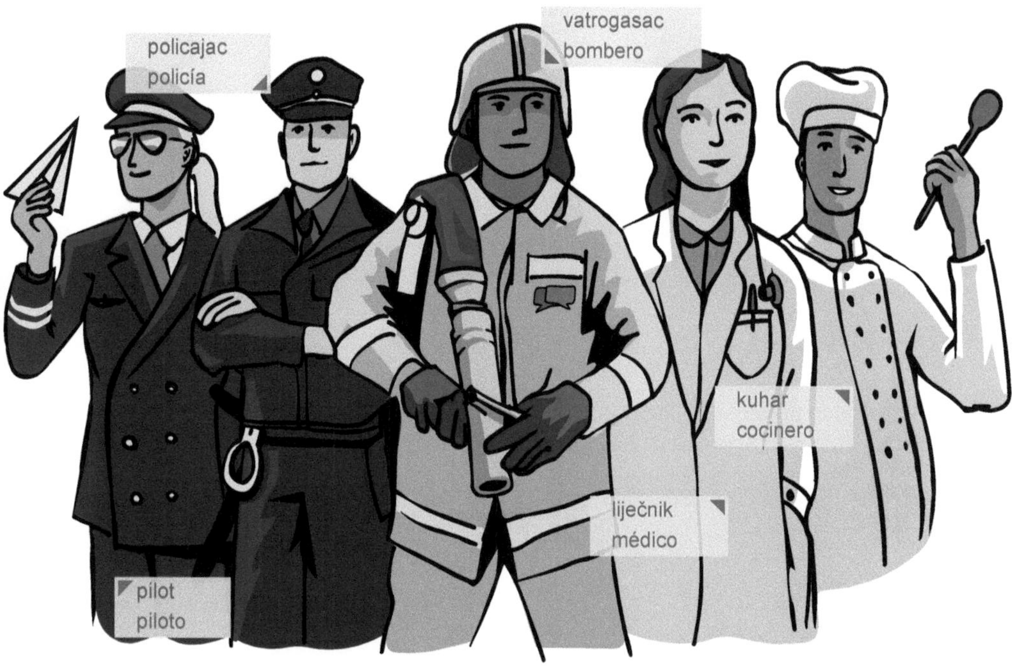
policajac
policía
vatrogasac
bombero
kuhar
cocinero
liječnik
médico
pilot
piloto

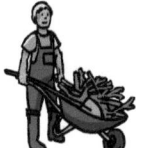

vrtlar
jardinero

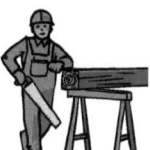

stolar
carpintero

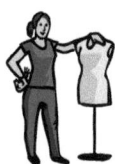

krojačica
costurera

sudija
juez

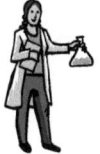

kemičar
químico

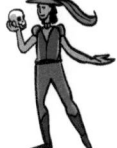

glumac
actor

vozač autobusa

conductor de autobús

vozač taksija

taxista

ribar

pescador

čistačica

mujer de la limpieza

krovopokrivač

techista

konobar

camarero

lovac

cazador

slikar

pintor

pekar

panadero

električar

electricista

građevinski radnik

albañil

inženjer

ingeniero

mesar

carnicero

limar

fontanero

poštar

cartero

vojnik

soldado

arhitekta

arquitecto

blagajnik

cajero

cvjećar

florista

frizer

peluquero

kondukter

cobrador

mehaničar

mecánico

kapetan

capitán

zubar

odontólogo

znanstvenik

científico

rabi

rabino

imam

imam

monah

monje

svećenik

párroco

alati
herramientas

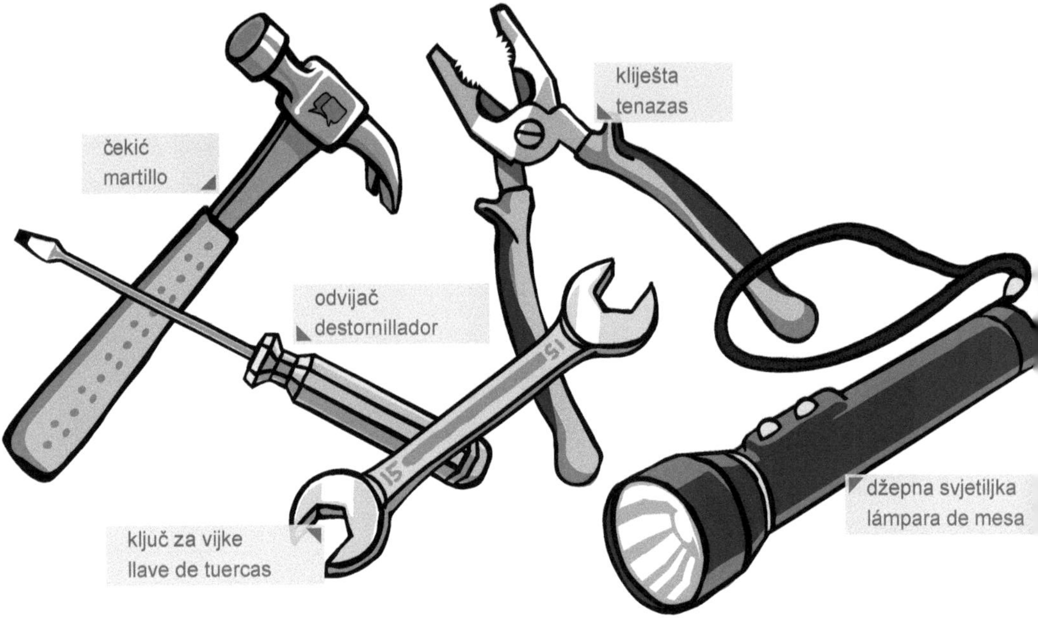

kliješta
tenazas
čekić
martillo
odvijač
destornillador
ključ za vijke
llave de tuercas
džepna svjetiljka
lámpara de mesa

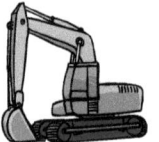

rovokopač

excavadora

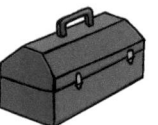

kutija za alat

caja de herramientas

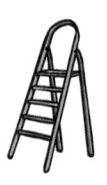

ljestve

escalerilla

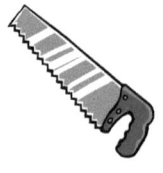

pila

serrucho

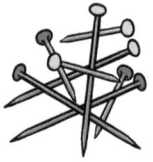

ekser

clavos

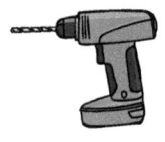

bušilica

taladro

popraviti
reparar

lopata
pala

Sranje!
¡Maldición!

lopatica
recogedor

lonac za boju
lata de pintura

vijci
tornillos

glazbeni instrument
instrumentos musicales

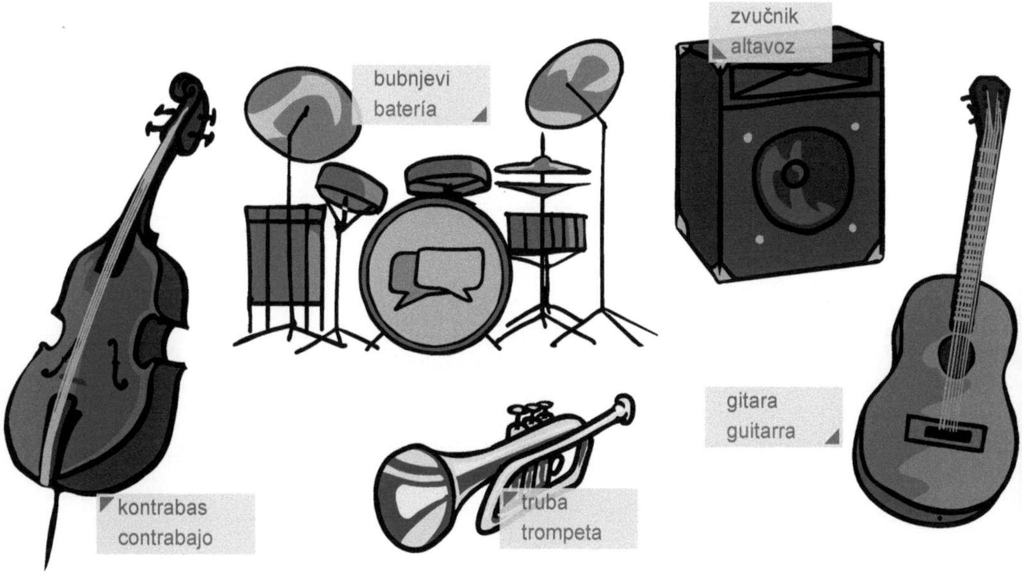

zvučnik
altavoz

bubnjevi
batería

gitara
guitarra

kontrabas
contrabajo

truba
trompeta

klavir

piano

violina

violín

bas

bajo

timpani

timbales

udaraljke za bubnjeve

tambor

keyboard

teclado

saksofon

saxofón

flauta

flauta

mikrofon

micrófono

glazbeni instrument - instrumentos musicales

zoološki vrt

zoológico

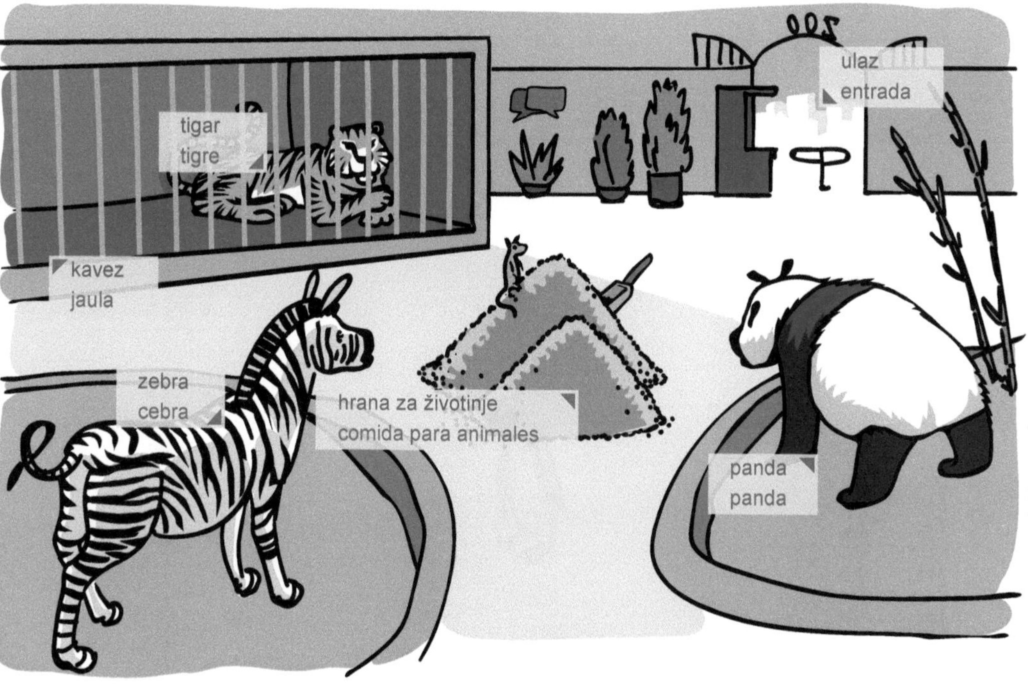

ulaz
entrada
tigar
tigre
kavez
jaula
zebra
cebra
hrana za životinje
comida para animales
panda
panda

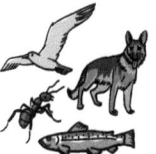

životinje

animales

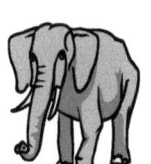

slon

elefante

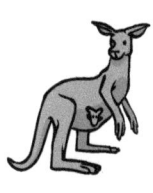

kengur

canguro

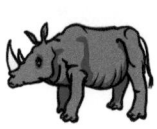

nosorog

rinoceronte

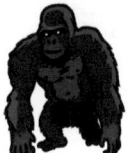

gorila

gorila

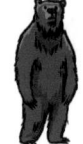

medvjed

oso

kamila

camello

noj

avestruz

lav

león

majmun

mono

flamingo

flamengo

papagaj

papagayo

polarni medvjed

oso polar

pingvin

pingüino

ajkula

tiburón

paun

pavo real

zmija

serpiente

krokodil

cocodrilo

čuvar u zoološkom vrtu

cuidador del zoológico

tuljan

foca

jaguar

jaguar

poni
pony

leopard
leopardo

nilski konj
hipopótamo

žirafa
jirafa

orao
águila

divlja svinja
jabalí

riba
pescado

kornjača
tortuga

morž
morsa

lisica
zorro

gazela
gacela

šport
deporte

amerièki nogomet
fútbol americano

biciklizam
ciclismo

tenis
tenis

košarka
baloncesto

plivanje
natación

hockey na ledu
hockey sobre hielo

boks
boxeo

nogomet
fútbol

badminton
badminton

atletika
atletismo

rukomet
balonmano

skijanje
esquí

polo
polo

skočiti
saltar

smijati se
reír

zagrliti
abrazar

ići
caminar

pjevati
cantar

sanjati
soñar

moliti se
rezar

poljubiti
besar

pisati
escribir

crtati
dibujar

pokazati
mostrar

gurati
presionar

dati
dar

uzeti
tomar

imati
....
tener

činiti
....
hacer

biti
....
ser

stojati
....
estar de pie

trčati
....
correr

povlačiti
....
tirar

baciti
....
arrojar

padati
....
caer

ležati
....
estar acostado

čekati
....
esperar

nositi
....
llevar

sjediti
....
estar sentado

oblačiti
....
vestirse

spavati
....
dormir

probuditi se
....
despertar

gledati

mirar

plakati

llorar

milovati

acariciar

češljati

peinarse

govoriti

conversar

razumjeti

entender

pitati

preguntar

slušati

oír

piti

beber

jesti

comer

pospremiti

asear

voljeti

amar

kuhati

cocinar

voziti

conducir

letjeti

volar

ploviti

navegar

računati

calcular

čitati

leer

učiti

aprender

raditi

trabajar

vjenčati se

casarse

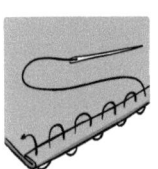

šiti

coser

prati zube

limpiarse los dientes

ubiti

matar

pušiti

fumar

poslati

enviar

baka
abuela

djed
abuelo

otac
padre

majka
madre

beba
bebé

kćerka
hija

sin
hijo

gost

invitado

tetka

tía

ujak, stric

tío

brat

hermano

sestra

hermana

tijelo
cuerpo

čelo
frente
oko
ojo
rame
hombro
prst
dedo
lice
cara
brada
barbilla
ruka
mano
noga
pierna
grudi
pecho
ruka
brazo

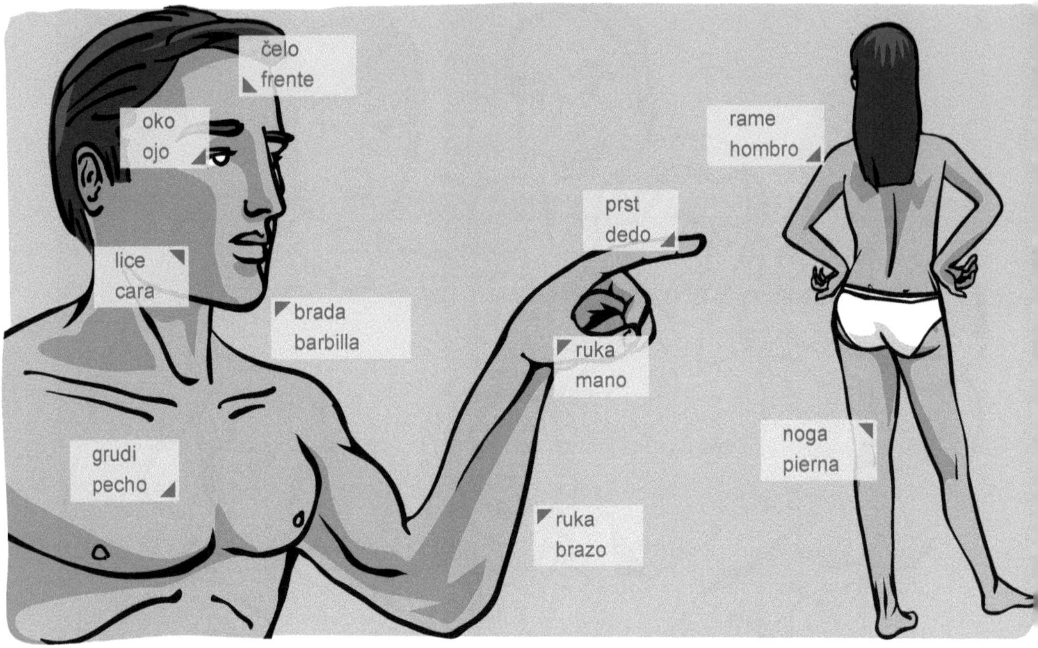

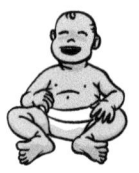

beba
bebé

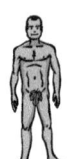

muškarac
hombre

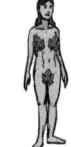

žena
mujer

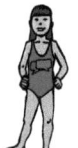

djevojčica
muchacha

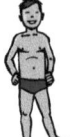

dječak
joven

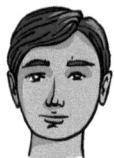

glava
cabeza

leđa
espalda

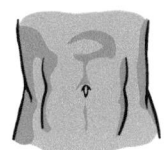

trbuh
vientre

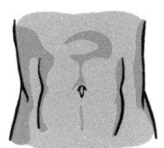

pupak
ombligo

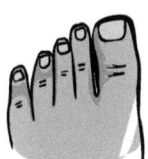

nožni prst
dedo del pie

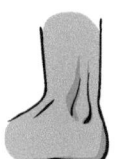

peta
talón

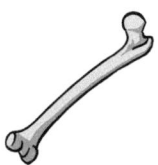

kost
hueso

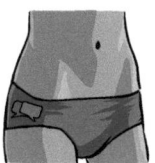

kuk
cadera

koljeno
rodilla

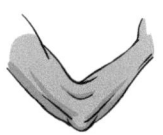

lakat
codo

nos
nariz

stražnjica
trasero

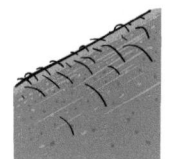

koža
piel

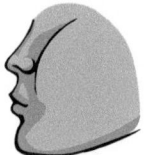

obraz
mejilla

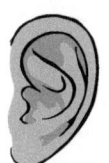

uho
oreja

usna
labio

usta
boca

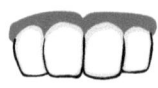
zub
diente

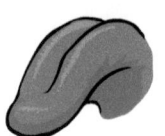
jezik
lengua

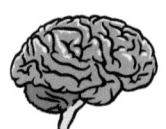
mozak
cerebro

srce
corazón

mišić
músculo

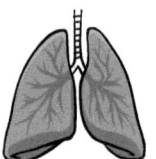
pluća
pulmón

jetra
hígado

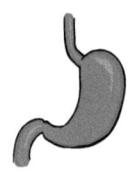
želudac
estómago

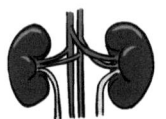
bubrezi
riñones

snošaj
relación sexual

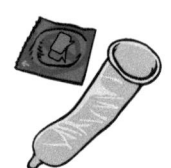
kondom
condón

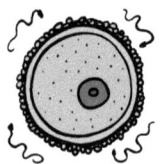
jajna stanica
Óvulo

sperma
esperma

trudnoća
embarazo

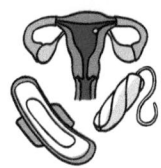

menstruacija
menstruación

vagina
vagina

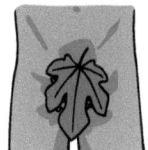

penis
pene

obrva
ceja

kosa
cabello

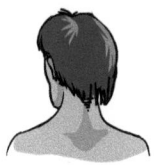

vrat
cuello

bolnica
hospital

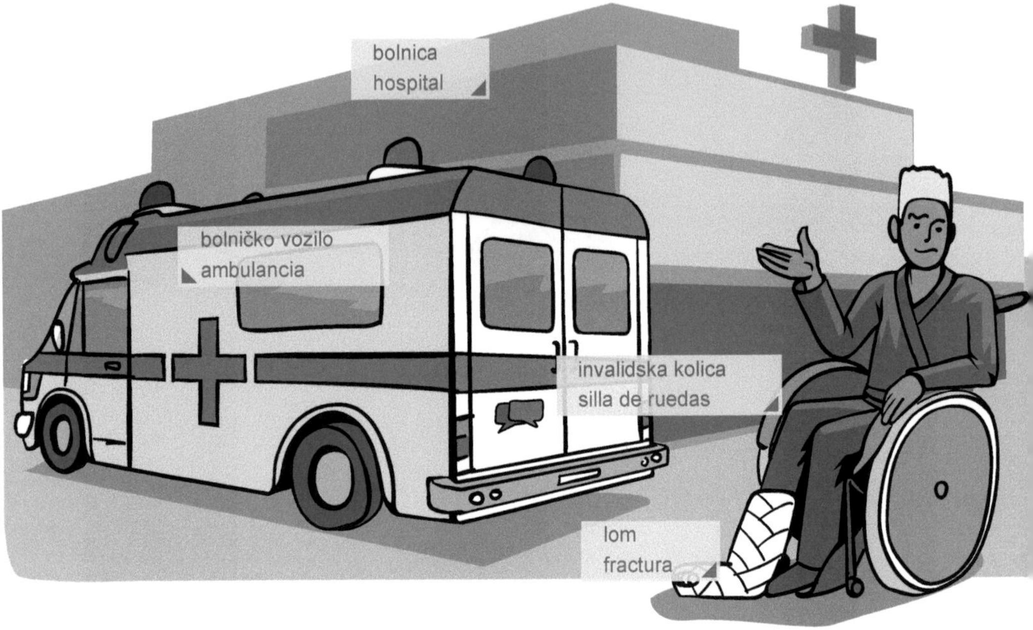

bolnica
hospital
bolničko vozilo
ambulancia
invalidska kolica
silla de ruedas
lom
fractura

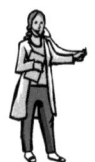

liječnik

médico

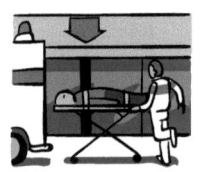

hitna medicinska služba

admisión de urgencia

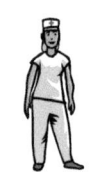

medicinska sestra

enfermera

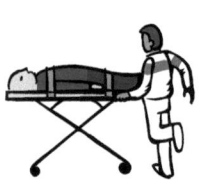

hitni slučaj

emergencia

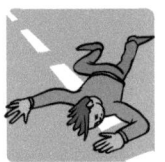

nesvijest

inconsciente

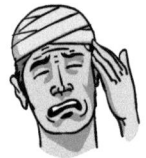

bol

dolor

ozljeda

lesión

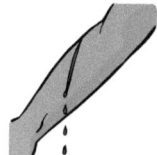

krvarenje

hemorragia

srčani infarkt

infarto de miocardio

moždani udar

apoplejía cerebral

alergija

alergia

kašalj

tos

groznica

fiebre

gripa

gripe

proljev

diarrea

glavobolja

dolor de cabeza

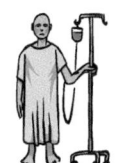

rak

cáncer

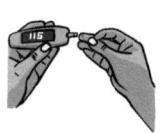

dijabetes

diabetes

kirurg

cirujano

skalpel

escalpelo

operacija

operación

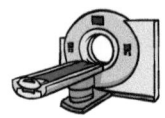

ct
TC

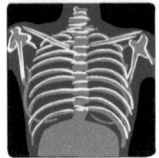

rentgen
rayos X

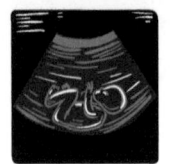

ultrazvuk
ultrasonido

maska
máscara

bolest
enfermedad

čekaonica
sala de espera

štaka
muleta

flaster
emplasto

zavoj
vendaje

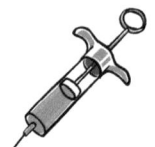

injekcija
inyección

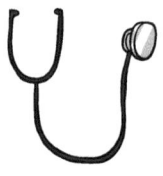

stetoskop
estetoscopio

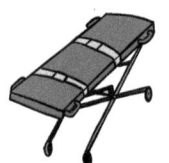

nosilo
camilla

termometar
termómetro

rođenje
nacimiento

prekomjerna težina
sobrepeso

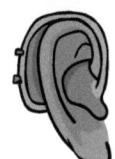

slušni aparat

audífono

sredstvo za dezinfekciju

desinfectante

infekcija

infección

virus

virus

hiv / sida

VIH / SIDA

medicina

medicina

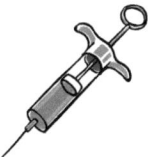

vakcinacija

vacunación

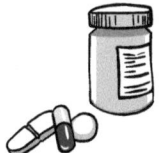

tablete

comprimido

pilula

píldora anticonceptiva

poziv u pomoć

llamada de emergencia

uređaj za mjerenje tlaka

medidor de presión arterial

bolesno / zdravo

enfermo / saludable

pomoć!

¡Ayuda!

alarm

alarma

nasrtaj

asalto

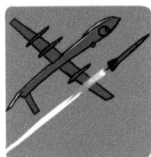

napad

ataque

opasnost

peligro

izlaz za nuždu

salida de emergencia

požar!

¡Fuego!

vatrogasni aparat

extintor

nezgoda

accidente

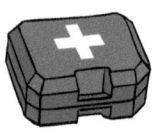

kofer prve pomoći

kit de primeros auxilios

sos

SOS

policija

Policía

Europa

Europa

sjeverna amerika

América del Norte

južna amerika

América del Sur

Afrika

África

Azija

Asia

Australija

Australia

Atlantik

Atlántico

Pacifik

Pacífico

ocean

Océano Índico

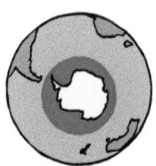

antarktički ocean

Océano Antártico

arktički ocean

Océano Ártico

sjeverni pol

Polo Norte

južni pol

Polo Sur

Antarktik

Antártida

zemlja

Tierra

zemlja

país

more

mar

otok

isla

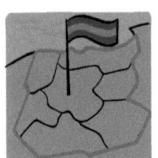

nacija

nación

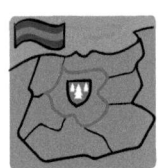

država

Estado

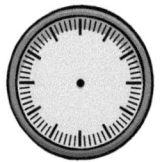

brojčanik sata

cuadrante

satna kazaljka

horario

minutna kazaljka

minutero

sekundna kazaljka

segundero

Koliko je sati?

¿Qué hora es?

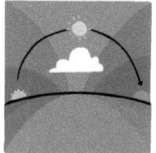

dan

día

vrijeme

tiempo

sada

ahora

digitalni sat

reloj digital

minuta

minuto

sat

hora

tjedan
semana

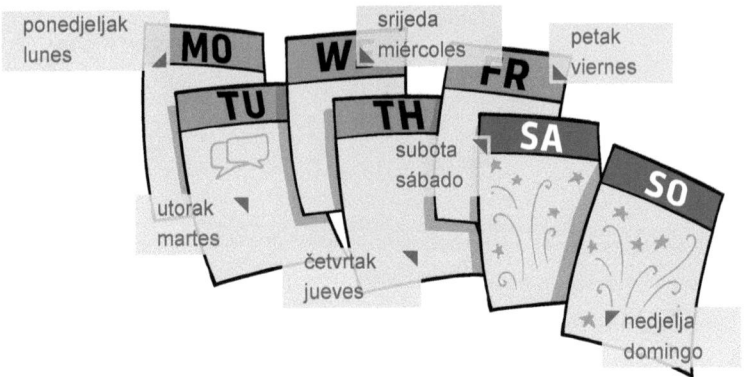

ponedjeljak
lunes

srijeda
miércoles

petak
viernes

utorak
martes

subota
sábado

četvrtak
jueves

nedjelja
domingo

jučer
ayer

danas
hoy

sutra
mañana

jutro
mañana

podne
mediodía

večer
tarde

MO	TU	WE	TH	FR	SA	SU
1	2	3	4	5	6	7
8	9	10	11	12	13	14
15	16	17	18	19	20	21
23	23	24	25	26	27	28
29	30	31	1	2	3	4

radni dani
jornada de trabajo

MO	TU	WE	TH	FR	SA	SU
1	2	3	4	5	6	7
8	9	10	11	12	13	14
15	16	17	18	19	20	21
22	23	24	25	26	27	28
29	30	31	1	2	3	4

vikend
fin de semana

godina
año

kiša
lluvia
duga
arco iris
vjetar
viento
snijeg
nieve
proljeće
primavera
jesen
otoño
ljeto
verano
zima
invierno

4.APRIL 11°
5.APRIL 4°
6.APRIL 13°
7.APRIL 8°
8.APRIL 10°

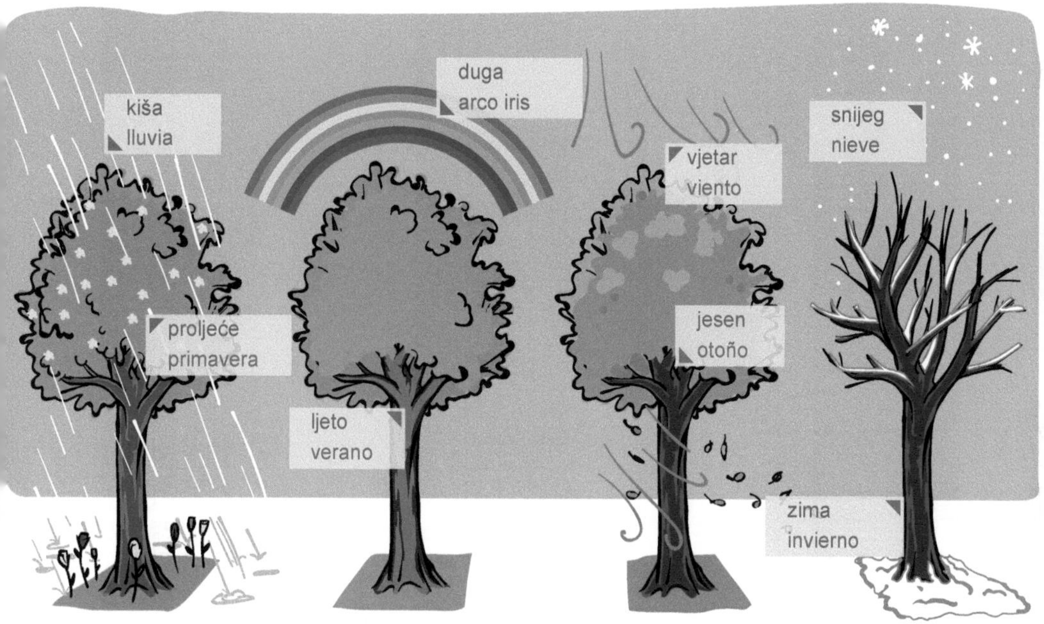

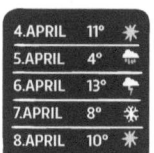

meteorološka prognoza

pronóstico meteorológico

F C
120 90 60 30 0 -30
40 30 20 10 0 -10 -20

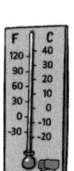

termometar

termómetro

sunčana svjetlost

luz solar

oblak

nube

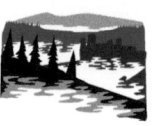

magla

niebla

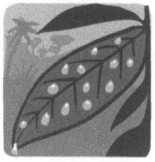

vlažnost zraka

humedad ambiente

munja
relámpago

grmljavina
trueno

oluja
tormenta

tuča
granizo

monsun
monzón

poplava
inundación

led
hielo

siječanj
enero

veljača
febrero

ožujak
marzo

travanj
abril

svibanj
mayo

lipanj
junio

srpanj
julio

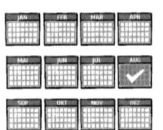

kolovoz
agosto

godina - año

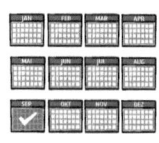

rujan
....
septiembre

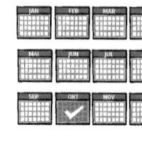

listopad
....
octubre

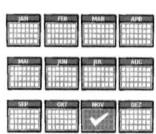

studeni
....
noviembre

prosinac
....
diciembre

oblici

formas

krug
....
círculo

kvadrat
....
cuadrado

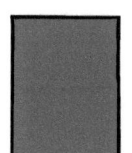

pravokutnik
....
rectángulo

trokut
....
triángulo

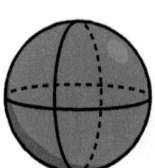

kugla
....
esfera

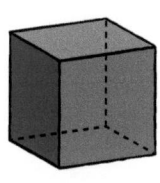

kocka
....
cubo

bijela

blanco

žuta

amarillo

narančasta

anaranjado

ružičasta

rosa

crvena

rojo

ljubičasta

lila

plava

azul

zelena

verde

smeđa

marrón

siva

gris

crna

negro

mnogo / malo

mucho / poco

ljutito / mirno

enojado / calmado

lijepo / ružno

bonito / feo

početak / kraj

comienzo / fin

veliko / maleno

grande / pequeño

svijetlo / tamno

claro / oscuro

brat / sestra

hermano / hermana

čisto / prljavo

limpio / sucio

potpuno / nepotpuno

completo / incompleto

dan / noć

día / noche

mrtvo / živo

muerto / vivo

široko / usko

ancho / angosto

jestivo / nejestivo

disfrutable / no disfrutable

zlo / dobro

malo / amigable

uzbuđeno / dosadno

excitado / aburrido

debelo / mršavo

gordo / delgado

na početku / na kraju

primero / último

prijatelj / neprijatelj

amigo / enemigo

puno / prazno

lleno / vacío

tvrdo / mekano

duro / suave

teško / lagano

pesado / liviano

glad / žeđ

hambre / sed

bolesno / zdravo

enfermo / saludable

ilegalno / legalno

ilegal / legal

pametno / glupo

inteligente / tonto

lijevo / desno

izquierda / derecha

blizu / daleko

cercano / lejano

novo / rabljeno

nuevo / usado

ništa / nešto

nada / algo

staro / mlado

viejo / joven

uključeno / isključeno

encendido / apagado

otvoreno / zatvoreno

abierto / cerrado

tiho / glasno

bajo / fuerte

bogato / siromašno

rico / pobre

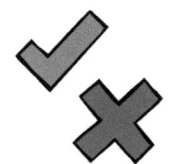

točno / pogrešno

correcto / incorrecto

hrapavo / glatko

áspero / liso

tužno / sretno

triste / alegre

kratko / dugo

breve / extenso

polako / brzo

lento / veloz

mokro / suho

mojado / seco

toplo / hladno

caliente / frío

rat / mir

guerra / paz

0

nula

cero

1

jedan

uno

2

dva

dos

3

tri

tres

4

četiri

cuatro

5

pet

cinco

6

šest

seis

7

sedam

siete

8

osam

ocho

9

devet

nueve

10

deset

diez

11

jedanaest

once

12	**13**	**14**
dvanaest	trinaest	četrnaest
doce	trece	catorce

15	**16**	**17**
petnaest	šestnaest	sedamnaest
quince	dieciséis	diecisiete

18	**19**	**20**
osamnaest	devetnaest	dvadeset
dieciocho	diecinueve	veinte

100	**1.000**	**1.000.000**
stotinu	tisuću	milijun
cien	mil	millón

engleski

inglés

američko engleski

inglés estadounidense

kinesko mandarinski

chino mandarín

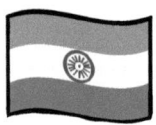

hindi

hindi

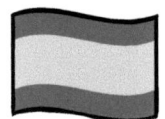

španjolski

español

francuski

francés

arapski

árabe

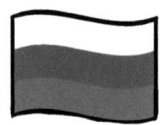

ruski

ruso

portugalski

portugués

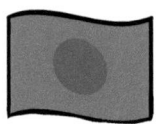

bengalski

bengalí

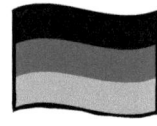

njemački

alemán

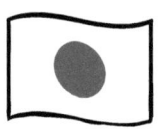

japanski

japonés

ja
yo

ti
tú

on / ona / ono
él / ella

mi
nosotros

vi
vosotros

oni
ellos

tko?
¿quién?

što?
¿qué?

kako?
¿cómo?

gdje?
¿dónde?

kada?
¿cuándo?

ime
nombre

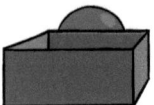

iza
detrás

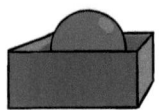

u
en

ispred
delante de

preko
encima de

na
sobre

ispod
debajo de

pored
junto a

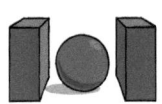

između
entre

mjesto
lugar